Inhalt

Neuregelung der Rücksendekosten - was tut sich am Markt?

Kernthesen

Beitrag

Fallbeispiele

Weiterführende Literatur

Impressum

Neuregelung der Rücksendekosten - was tut sich am Markt?

Anja Schlatt

Kernthesen

- Ab Juni 2014 tritt eine EU-Verbraucherrichtlinie in Kraft zur Neuregelung des Widerrufrechts von Kunden bei Kaufverträgen. Zukünftig können die Online-Händler dem Kunden unabhängig vom Warenwert die Kosten der Rücksendung in Rechnung stellen.
- Offen ist, wie Versandhändler und Konsumenten reagieren werden. Die Mehrheit der Kunden will weiterhin auf kostenfreie Retouren bestehen, die Branchenführer werden deshalb voraussichtlich keine Änderung vornehmen

und Rücksendungen weiterhin zum Nulltarif annehmen.
- Kleinere Online-Shops werden die Chance nutzen, Rücksendungen an den Kunden zu verrechnen. Hier wird die Intensität der Kundenbindung entscheidend sein, ob Kunden ihrem Shop die Treue halten.
- Retourenkosten und geeignete Aktivitäten zur Retourenvermeidung gewinnen immer mehr an Bedeutung und werden wettbewerbsentscheidend sein.

Beitrag

Wegfall der "40-Euro-Klausel"

Während bislang der Versandhandel verpflichtet war, bestellte Waren ab einem Wert von 40 Euro kostenfrei zürückzunehmen und damit das Porto übernehmen musste, dürfen diese Kosten künftig an den Besteller verrechnet werden. Voraussetzung dafür ist, dass der Händler den Verbraucher entsprechend belehrt hat. Online-Händlern steht es dabei selbstverständlich frei, die Kosten auch weiterhin zu übernehmen. Mit diesem Gesetz wird die EU-Verbraucherrechte-Richtlinie in deutsches Recht umgesetzt mit dem Ziel, dass Kaufverträge im Internet in einem sicheren rechtlichen Rahmen geschlossen und das "cross-border-shopping" gefördert wird. Dazu gibt es eine einheitliche Muster-Widerrufsbelehrung, die für ganz Europa gilt. Gültig wird die Neuregelung für alle Kaufverträge, die nach dem 13. Juni 2014 geschlossen werden. (1), (2), (3), (4)

Kunden bestehen auf "Retouren zum Nulltarif"

Offen bleibt nun die Frage, wie die einzelnen Online-Shops und Versandhändler ab Mitte nächsten Jahres damit umgehen und wie die Verbraucher sich verhalten werden. Eine einschlägige Gemeinschaftsstudie (ECC, EHI, Capgemini) zum Versand- und Retourenmanagement im E-Commerce belegt, dass die Mehrheit der Online-Kunden auf Retouren zum Nulltarif bestehen will. Dabei setzen zwei Drittel der Besteller versandkostenfreie Lieferungen (Standardbestellungen) voraus; nahezu 50 Prozent erwarten auch gebührenfreie Rücksendungen. Inwiefern die Kunden aber tatsächlich ihrem Lieblingsshop untreu werden, weil dieser fortan Rücksendekosten in Rechnung stellt, bleibt abzuwarten. Laut Erhebung des Kölner Unternehmens Trusted Shops beabsichtigen 37 Prozent der befragten Online-Käufer nur in solchen Shops einzukaufen, die die Kostenübernahme für

Warenrücksendungen garantieren. Sogenannte Cross-Channel-Händler, die eine Rückgabe bestellter Waren in einer stationären Filiale als Option anbieten, können durch die Änderung der Gesetzgebung möglicherweise profitieren. (3), (5), (6), (7)

Große Versandhändler wollen weiter zahlen

Der Bundesverband des Deutschen Versandhandels resümiert die Aussagen seiner Mitglieder dahingehend, dass die großen und mittelständischen Versender aus Wettbewerbsgründen auch weiterhin kostenlose Rücksendungen anbieten wollen, wohingegen die kleinen Händler ihren Kunden das Porto für Retouren in Rechnung stellen werden. Diese Tendenz bestätigt auch eine Umfrage der Universität Regensburg, wonach 86 Prozent der kleinen Online-Shops die Chance nutzen wollen, die Retourenkosten weiterzuverrechnen. (8)

Eine Diskussion über die Auswirkungen der neuen Gesetzesregelung am Markt darf jedoch nicht darüber hinwegtäuschen, dass neben den Rücksendekosten (Porto) die Kosten der Wiederaufbereitung in Abhängigkeit von der Branche häufig den Löwenanteil an den gesamten Kosten für

Retouren ausmachen. Laut Angabe des Beratungs- und Forschungsinstituts ibi-Research kann durchschnittlich jede zehnte Retoure nicht mehr verwendet werden. Vor dem Hintergrund der auf hohem Niveau stagnierenden und teilweise sogar wachsenden Retourenquoten in den unterschiedlichen Branchen kann letztlich die Handlungsmaxime für Online-Händler nur "Vermeidung von Retouren" lauten. (3)

Trends

Retourenkosten werden wettbewerbsentscheidend

Wenn künftig die Kosten für Rücksendungen noch weiter steigen und erfolgsentscheidend für die Behauptung im E-Commerce sein werden, werden kleinere Anbieter zunehmend unter Druck geraten. Nur Nischenanbieter mit entsprechend attraktiven Preisen (zum Beispiel durch Restpostenaufkäufe) werden sich behaupten und trotz Abwälzung der Rücksendekosten ihre Klientel halten sowie ausbauen können. Möglicherweise könnte sogar ein Kostenvorteil entstehen, wenn durch diese Politik die Anzahl der Retouren und damit deren Kosten in

Summe zurückgeht, weil nur "wohlüberlegte" Kunden den Bestell-Button drücken. (8)

Dennoch wird es für alle Versandhändler von wesentlicher Bedeutung sein, ein wirkungsvolles Retourenmanagement einzusetzen mit dem Ziel, die Zahl der Rücksendungen zu verringern sowie deren Kosten zu minimieren. Nur wer alle Möglichkeiten ausschöpft, Einflussfaktoren auf die Häufigkeit von Rücksendungen und das Verhalten typischer Viel-Retournierer zu analysieren und erfolgreiche Maßnahmen zur Gegensteuerung entwickelt, kann mittelfristig unter diesem Kostendruck am Markt bestehen. (3), (10)

Fallbeispiele

Otto und Zalando: Branchenführer wollen nichts ändern

Die beiden großen Anbieter im Versand- beziehungsweise Online-Handel, Otto und Zalando, haben bereits angekündigt, auch künftig keine Gebühren für Retouren in Rechnung zu stellen und wie bisher das Porto zu tragen. So sieht Zalando kostenlose Retouren als Teil des Service-Versprechens an, das dem Geschäftsmodell entspricht und will dementsprechend daran nichts ändern. Zalando hatte 2012 Viel-Retournierer schriftlich ermahnt und damit Unverständnis und Empörung geerntet, nachdem dieses Vorgehen durch Zalandos eigenen Werbeslogan "Schrei vor Glück und schicks zurück" angeraten wurde. (3), (4)

Amazon: Entscheidung noch offen

Amazon lässt Anfragen bezüglich beabsichtigter Änderungen der Rücksendekostenübernahme offen. In den USA hat der Konzern kürzlich den Mindestbestellwert für kostenfreie Lieferungen erhöht. (4)

Otto: Big-Data-Projekt zur Senkung der Retourenquote

Gemeinsam mit einem IT-Partner untersucht das Versandhaus Otto in einem Big-Data-Projekt, wie sich die Retourenquoten senken lassen. Indem Massendaten analysiert werden, sollen typische Retourentreiber wie ungenaue Produktbeschreibungen, lange Lieferzeiten oder ungeeignete Abbildungen identifiziert und in ihren

Auswirkungen bewertet werden. Darauf basierend wird berechnet, ob Investitionen beispielsweise für zusätzliche Bilder oder Zoomfunktionen sinnvoll und wirtschaftlich sind. (11)

Bonprix: Bonusprogramm

Bonprix, Onlineshop für günstige Bekleidung, bietet seinen Kunden ein Bonusprogramm an mit dem Ziel, die Retoruenquoten zu senken. Wer nichts zurückschickt, wird mit einem Gutschein belohnt. (3)

Notebooksbilliger.de: Varianteneinschränkung

Im Gegensatz zur Textilbranche werden im Elektronikbereich andere Maßnahmen zur Retourenvermeidung ergriffen: notebooksbilliger.de "verbietet" seinen Kunden, ein Modell in mehreren Varianten zu bestellen. (3)

Weiterführende Literatur

(1) Kaufverträge im Internet sollen rechtssicher werden
aus DVZ-Brief Nr. 44 vom 31. Oktober 2013

(2) Neue Regeln für Rücksendungen
aus DVZ, Nr. 89 vom 05.11.2013

(3) die Krux mit der retoure
aus LEAD digital Nr. 21 vom 16.10.2013, S. 26

(4) Gesetzesänderung ab Juni 2014
aus ChannelPartner.de, Meldung vom 19.06.2013

(5) Retourenkosten heizen Wettbewerb im Versand an
aus TextilWirtschaft 25 vom 20.06.2013 Seite 006

(6) Online-Kunden wollen Retouren gern zum Nulltarif
aus Lebensmittel Zeitung 34 vom 23.08.2013 Beilage Nonfood Trends 02 Seite S035

(7) Online-Shopping: Verbraucherschreck Rücksendekosten
aus COMPUTER-INFORMATIONS-DIENST vom 14.August 2013

(8) Neue Rücksenderegeln mischen den Markt auf
aus www.lebensmittelzeitung.net vom 31.10.2013

(9) Retourenkosten: Kunden in der Pflicht
aus www.textilwirtschaft.de vom 18.06.2013

(10) Präventives Retourenmanagement im eCommerce
aus - HMD - Praxis der Wirtschaftsinformati, Heft 293/2013, S. 66-75

(11) Big Data: Die Schätze heben
aus rt-retail technology, Heft 03/2013, S. 40-42

Impressum

Neuregelung der Rücksendekosten - was tut sich am Markt?

Bibliografische Information der deutschen Nationalbibliothek

Die Deutsche Nationalbibliothek verzeichnet diese Publikation in der deutschen Nationalbibliografie; detaillierte bibliografische Daten sind im Internet über http://dnb.d-nb.de abrufbar.

ISBN: 978-3-7379-1144-3

© 2015 GBI-Genios Deutsche Wirtschaftsdatenbank GmbH, Freischützstraße 96, 81927 München, www.genios.de

Alle Rechte vorbehalten. Dieses Werk ist einschließlich aller seiner Teile – z.B. Texte, Tabellen und Grafiken - urheberrechtlich geschützt. Jede Verwertung außerhalb der Grenzen des Urheberrechtsgesetzes bedarf der vorherigen Zustimmung des Verlags. Dies gilt insbesondere auch für auszugsweise Nachdrucke, fotomechanische

Vervielfältigungen (Fotokopie/Mikroskopie), Übersetzungen, Auswertungen durch Datenbanken oder ähnliche Einrichtungen und die Einspeicherung und Verarbeitung in elektronischen Systemen.